MÉMOIRE

SUR

LA SÉRIE DE LAGRANGE

PAR M. EUGÈNE ROUCHÉ

PARIS

IMPRIMERIE IMPÉRIALE

M DCCC LXVI

MÉMOIRE

SUR

LA SÉRIE DE LAGRANGE

EXTRAIT DU TOME XVIII

DES MÉMOIRES PRÉSENTÉS PAR DIVERS SAVANTS

À L'INSTITUT IMPÉRIAL DE FRANCE.

MÉMOIRE

SUR LA SÉRIE DE LAGRANGE,

INTRODUCTION.

Lagrange a donné, dans les Mémoires de l'Académie de Berlin, en 1768, une formule très-répandue de nos jours, par laquelle on développe en série une racine ou une fonction continue d'une racine d'une équation de la forme

$$u = x + \alpha \varphi (u)$$

La démonstration de cette formule, qui a successivement fixé l'attention des Laplace, Jacobi, Cauchy, Tchebichef, etc. est un problème assez complexe. Il faut distinguer la racine que l'on développe, indiquer les conditions sous lesquelles elle est développable en série convergente, trouver la forme du développement, ainsi qu'une limite supérieure de l'erreur commise lorsqu'on prend un nombre limité de termes dans la série. Il convient, en outre, que tous ces résultats soient déduits d'un principe unique par un procédé à la fois simple et rigoureux.

Telles sont les conditions que j'ai tâché de remplir dans la démonstration qui fait l'objet principal de ce Mémoire.

La méthode que j'ai suivie a quelque analogie avec celle que Lagrange a employée dans le *Traité de la résolution des équations numériques*, et que Murphy a reproduite en d'autres termes, mais sans plus de rigueur, dans les *Transactions philosophiques* de Cambridge. Les résultats sont d'ailleurs, avec plus de précision, ceux que l'on trouve dans les travaux de Cauchy énoncés d'une manière plus ou moins explicite au milieu d'un grand appareil de formules et de notations compliquées.

Après avoir exposé quelques principes, dus pour la plupart à Cauchy, sur les fonctions imaginaires, je démontre, en deux théorèmes simples, la formule de Lagrange, que j'applique ensuite à la résolution des équations trinômes et au développement de l'anomalie excentrique et du rayon vecteur des planètes suivant les puissances de l'excentricité. L'application aux équations trinômes donne lieu à des vérifications importantes ; elle permet de constater, par un calcul direct, que notre limite supérieure, du reste, est très-resserrée. L'expression générale de cette limite nous conduit, d'ailleurs, dans les deux applications qui suivent, à cette conclusion remarquable : Si l'excentricité de l'orbite elliptique ne surpasse pas 0,25, il suffit, pour avoir le rayon vecteur et l'anomalie excentrique à moins d'un demi-millième, de prendre sept termes dans les séries correspondantes.

Je termine enfin par quelques théorèmes plus généraux, susceptibles d'applications nombreuses, parmi lesquelles je signale une démonstration très-courte d'une formule célèbre de Waring, relative à la somme des puissances semblables des racines d'une équation algébrique.

I

NOTIONS SUR LES·FONCTIONS D'UNE VARIABLE IMAGINAIRE.

1. On appelle *variable imaginaire* l'expression

$$z = x + yi$$

dans laquelle i désigne le symbole $\sqrt{-1}$, et x et y représentent deux variables réelles et indépendantes. Pour suivre les variations de z, il est commode de considérer x et y comme les coordonnées rectangulaires d'un point mobile. Dès lors, si X et Y désignent deux fonctions réelles de x et de y, à chaque point de la courbe décrite par le mobile, c'est-à-dire à chaque couple de valeurs de x et de y, répondront un ou plusieurs systèmes de valeurs de X et de Y, et par suite une ou plusieurs valeurs de l'expression

$$X + Yi$$

Une telle expression est donc une fonction de z, et l'on dit que cette fonction est continue lorsque les fonctions réelles X et Y varient elles-mêmes d'une manière continue.

Toutefois, si X et Y sont quelconques, l'expression

$$X + Yi$$

n'est pas généralement une fonction bien déterminée de la variable z, même lorsque cette variable reste enfermée dans une portion limitée du plan.

Nous dirons qu'une fonction

$$f(z) = X + Yi$$

de la variable imaginaire z est *bien déterminée* dans un contour donné lorsque, en un point quelconque, pris à l'intérieur de ce contour, la fonction et sa dérivée auront chacune une valeur unique indépendante de la direction suivant laquelle on arrive à ce point.

Ainsi les fonctions

$$\sin z, \quad \cos z, \quad e^z$$

sont bien déterminées dans toute l'étendue du plan; tandis que la fonction $l\,(1+z)$, comptée à partir de $z = 0$ avec la valeur initiale zéro, n'est bien déterminée que lorsqu'on reste dans une portion du plan ne comprenant pas le point qui répond à $z = -1$.

2. Cauchy a démontré que, *pour qu'une fonction explicite[1] soit développable en une série ordonnée suivant les puissances entières, positives et croissantes de la variable, et convergente dans un cercle décrit de l'origine comme centre, il faut et il suffit que la fonction soit bien déterminée, finie et continue dans ce même cercle.*

Ainsi les fonctions

$$\sin z, \quad \cos z, \quad e^z$$

sont développables pour toutes les valeurs de z, tandis que la fonction $l\,(1+z)$ comptée à partir de $z = 0$ avec la valeur initiale zéro, n'est développable que dans le cercle décrit de l'origine comme centre avec un rayon égal à l'unité.

On déduit aisément du théorème de Cauchy :

1° Que, *si une fonction est bien déterminée, finie et continue dans un certain contour, toutes ses dérivées sont bien déterminées, finies et continues dans la même région;*

2° Que, *si une fonction $f(z)$ bien déterminée, finie et continue dans un certain contour, s'annule dans ce contour pour les valeurs, d'ailleurs égales ou inégales, $z_1, z_2, \ldots z_m$, de la variable z, et pour ces valeurs seules, on a :*

$$f(z) = (z - z_1) \ldots \ldots (z - z_m)\,\psi(z)$$

$\psi(z)$ étant une fonction bien déterminée, finie, continue et qui ne s'annule pas dans la même étendue.

---

[1] Nous disons *explicite,* parce que c'est le seul cas où nous ferons usage de ce théorème, qui n'offre alors ni ambiguïté ni contestation.

Tels sont les principes bien connus que nous emprunterons à la théorie des fonctions d'une variable imaginaire. Ajoutons que nous prendrons ordinairement cette variable sous la forme

$$z = \rho \left(\cos \theta + i \sin \theta \right) = \rho \, e^{\theta i}$$

Le module ρ est un nombre positif quelconque, et l'argument θ un angle qui varie de o à 2π; le module et l'argument sont les coordonnées polaires du point dont la marche indique les variations de la variable z.

II

MODULE MAXIMUM.

3. Le module d'une fonction $f(z)$ d'une variable imaginaire z dépend à la fois du module ρ et de l'argument θ de cette variable. Si, laissant ρ constant, on fait varier θ de o à 2π, le module de $f(z)$ prendra diverses valeurs, dont la plus grande, que nous nommerons avec Cauchy *module maximum*, est fort utile à considérer.

Le module maximum d'une fonction $f(z)$ dépend exclusivement du module ρ de la variable imaginaire; il a une valeur déterminée pour chaque valeur de ρ. En d'autres termes, il reste le même, le long de la circonférence d'un même cercle décrit autour de l'origine, et varie d'un cercle à l'autre.

4. Lorsque la fonction considérée est très-simple, on aperçoit immédiatement l'expression de son module maximum.

Ainsi a étant un nombre positif, on voit tout de suite que les modules maximum de

$$a \pm z \qquad\qquad az \qquad\qquad \frac{a}{z}$$

sont respectivement

$$a + \rho \qquad\qquad a\rho \qquad\qquad \frac{a}{\rho}$$

En tout cas, il suffira de former l'expression générale du module en fonction de ρ et de θ, puis, laissant ρ constant, d'appliquer la théorie connue des maxima des fonctions d'une seule variable.

Cherchons ainsi le module maximum de

$$\sin (x+z)$$

x désignant une quantité réelle et variable, qui peut atteindre $\frac{\pi}{2}$.

Le carré de cette expression a pour module

$$\sin (x+\rho e^{\theta i})\sin (x+\rho e^{-\theta i})$$

ou

$$\frac{1}{4}\left[e^{2\rho\sin\theta}+e^{-2\rho\sin\theta}-2\cos (2\rho \cos \theta)\right]+\sin x\sin (x+2\rho\cos\theta)$$

La dernière partie a pour limite supérieure la valeur 1, qu'elle prend d'ailleurs pour $x=\frac{\pi}{2}$ et $\theta=\frac{\pi}{2}$. Quant à la parenthèse, elle est maximum pour $\theta=\frac{\pi}{2}$, car d'une part elle prend toutes les valeurs qu'elle peut acquérir entre les limites 0 et $\frac{\pi}{2}$ de θ, et de plus sa dérivée

$$4\,\rho^2\sin 2\theta\left[1+\frac{(2\rho\sin\theta)^2}{1.2.3}+\frac{(2\rho\sin\theta)^4}{1.2.3.4.5}+\dots-\frac{\sin(2\rho\cos\theta)}{(2\rho\cos\theta)}\right]$$

reste toujours positive.

Le module maximum cherché est donc égal à la racine carrée de

$$\frac{1}{4}\left(e^{2\rho}+e^{-2\rho}-2\right)+1$$

c'est-à-dire à

$$\frac{e^\rho+e^{-\rho}}{2}$$

5. Cela posé, voici une proposition qui nous sera très-utile :

Lorsque, pour une valeur de la variable imaginaire z dont le module est ρ, une fonction $f(z)$ est développable suivant les puissances entières de z, le module du coefficient de $\frac{1}{z}$ dans le développement est inférieur au module maximum de $zf(z)$.

En effet, en désignant par A le coefficient de $\frac{1}{z}$ et par $\psi(z)$ l'ensemble des termes du développement autres que $\frac{A}{z}$, on a

$$zf(z)=A+z\psi(z)$$

Cela posé, laissant fixe le module ρ de la variable, faisons varier l'argument θ de o à 2π par degrés égaux à $\frac{2\pi}{n}$, n étant un entier qui croîtra indéfiniment.

Il est aisé de voir que la moyenne des valeurs de $z\psi(z)$ est nulle. Car, soit

$$B z^m = B\rho^m e^{m\theta i}$$

un terme quelconque de $z\psi(z)$, l'entier m étant d'ailleurs positif ou négatif, mais différent de zéro, puisque $\psi(z)$ n'a pas de terme en $\frac{1}{z}$. La valeur moyenne de ce terme général est égale à la limite de l'expression

$$B\rho^m \frac{1 + e^{\frac{2m\pi}{n}i} + e^{2\frac{2m\pi}{n}i} + \dots + e^{(n-1)\frac{2m\pi}{n}i}}{n} = \frac{B\rho^m(e^{2m\pi i} - 1)}{n(e^{\frac{2m\pi}{n}i} - 1)}$$

pour $n = \infty$. Or on peut prendre n assez grand pour que le dénominateur puisse être remplacé par

$$n\left(\frac{2m\pi}{n}i + \frac{\varepsilon}{n}\right)$$

ε étant aussi petit qu'on veut; la limite de ce dénominateur est donc $2m\pi i$, et, comme le numérateur, est zéro, puisque

$$e^{2m\pi i} = \cos 2m\pi + i\sin 2m\pi = 1$$

on voit que la valeur moyenne considérée est nulle. Il résulte de là que le coefficient A est égal à la valeur moyenne de $zf(z)$. Son module est donc moindre que la limite du produit de $\frac{1}{n}$ par la somme des modules des diverses valeurs que prend $zf(z)$ lorsque θ varie de o à 2π par degrés égaux à $\frac{2\pi}{n}$, n croissant indéfiniment. Or ces valeurs étant au nombre de n et ayant chacune un module inférieur au module maximum de $zf(z)$, on voit, en définitive, que le module du coefficient A est moindre que le module maximum de la fonction $zf(z)$ sur la circonférence du rayon ρ. c. q. f. d.

Arrivons maintenant à la série de Lagrange.

III

SÉRIE DE LAGRANGE.

6. Il s'agit de développer en série convergente l'une des racines d'une équation de la forme

$$[1] \qquad\qquad z - \alpha\varphi\,(x+z) = 0$$

dans laquelle x et α sont deux constantes données réelles ou imaginaires, et $\varphi\,(x+z)$ une fonction bien déterminée, finie et continue dans un certain cercle décrit autour de l'origine. Le problème est d'ailleurs complexe : il faut distinguer la racine que
l'on développe, trouver les conditions dans lesquelles elle est
développable en série convergente suivant les puissances entières,
positives et croissantes de α, enfin indiquer une limite supérieure
du reste de la série lorsqu'on ne prend qu'un nombre limité de
termes.

La réponse à ces diverses questions est renfermée dans les
deux théorèmes qui suivent :

7. THÉORÈME I. — *Si la constante α est telle que le module maximum de*

$$\frac{\alpha\varphi\,(x+z)}{z}$$

*soit moindre que l'unité, pour un module r de la variable z, inférieur
à celui pour lequel la fonction $\varphi\,(x+z)$ cesse d'être bien déterminée,
finie et continue, l'équation* [1] *aura une seule racine dont le module
soit plus petit que r.*

En effet, si l'on désigne par m le nombre inconnu des racines z_1,
$z_2 \ldots z_m$ d'ailleurs égales ou inégales, dont le module est inférieur
à r, on a (§ 1, 2)

$$z - \alpha\varphi\,(x+z) = (z-z_1)\,(z-z_2) \ldots (z-z_m)\,\psi\,(z)$$

$\psi\,(z)$ étant une fonction bien déterminée, finie, continue et qui
ne s'annule pas tant que le module de z ne surpasse pas r.

On déduit de là,

$$[2]\quad \log\left(1-\frac{\alpha\varphi(x+z)}{z}\right)-\log\psi(z)=\log(z-z_1)+\ldots+\log(z-z_m)-\log z$$

puis, en différentiant,

$$\frac{d}{dz}\left[\log\left(1-\frac{\alpha\varphi(x+z)}{z}\right)-\log\psi(z)\right]=\frac{1}{z}\left(\frac{1}{1-\frac{z_1}{z}}+\ldots+\frac{1}{1-\frac{z_m}{z}}-1\right)$$

Donnons à la variable z le module r, ce qui va nous permettre de développer les deux membres de cette équation.

Le module de

$$\frac{\alpha\varphi(x+z)}{z}$$

étant alors moindre que 1, en vertu de l'hypothèse,

$$\log\left(1+\frac{\alpha\varphi(x+z)}{z}\right)$$

sera développable suivant les puissances entières, positives et croissantes de

$$\frac{\alpha\varphi(x+z)}{z}$$

et comme, pour la valeur considérée de z, $\varphi(x+z)$ est développable ($\S$ II, 2) suivant les puissances entières, positives et croissantes de cette variable, le terme

$$\log\left(\frac{\alpha\varphi(x+z)}{z}\right)$$

donnera une série ordonnée suivant les puissances entières, d'ailleurs positives et négatives, de z.

D'un autre côté, $\psi(z)$ est bien déterminée, finie et continue, et ne s'annule pas tant que le module de z ne surpasse pas r; donc, dans le même intervalle

$$\log\psi(z)$$

reste fini et continu, et par suite, pour le module r, cette fonction pourra être développée suivant les puissances entières et positives de z ($\S$ I, 2).

En définitive, la parenthèse du premier membre donnera une

suite de termes suivant les puissances entières, positives et négatives de z. Sa dérivée par rapport à z ne contiendra donc pas de
terme en $\frac{1}{z}$.

Ainsi le cofficient de $\frac{1}{z}$, dans le développement du premier
membre, est égal à zéro.

Quant au second membre, puisque z_1, $z_2 \ldots z_m$ ont des modules
inférieurs à r, chaque terme de la parenthèse, tel que

$$\frac{1}{1 - \frac{z_i}{z}}$$

sera développable en une série convergente, telle que

$$1 + \left(\frac{z_i}{z}\right) + \left(\frac{z_i}{z}\right)^2 + \left(\frac{z_i}{z}\right)^3 + \ldots$$

Le coefficient de $\frac{1}{z}$ dans le second membre est donc égal à $m - 1$.
On a par conséquent

$$m - 1 = 0 \quad \text{ou} \quad m = 1 \qquad \text{C. Q. F. D.}$$

8. THÉORÈME II. — *Les conditions du théorème précédent étant
remplies, si l'on désigne par z_1 la racine de l'équation [1] dont le module est inférieur à r, et par $F(x+z)$ une fonction qui reste bien déterminée, finie et continue pour toutes les valeurs de z dont le module ne
surpasse pas r, la quantité $F(x+z_1)$ sera développable en série convergente par la formule*

$$[3] \quad F(x+z_1) = F(x) + \frac{\alpha}{1} F'(x)\,\varphi(x) + \frac{\alpha^2}{1 \cdot 2}\frac{d}{dx} F'(x)\,[\varphi(x)]^2 + \ldots + \frac{\alpha^n}{1 \cdot 2 \ldots n}\frac{d^{n-1}}{dx^{n-1}} F'(x)\,[\varphi(x)]^n + \ldots$$

En effet, puisqu'il n'y a qu'une racine z, de module inférieur
à r, la formule [3] du numéro précédent devient :

$$\log\left(1 - \frac{\alpha\varphi(x+z)}{z}\right) - \log\psi(z) = \log\left(1 - \frac{z_1}{z}\right)$$

d'où, en multipliant par $F'(x+z)$,

$$[4] \quad F'(x+z)\log\left(1 - \frac{\alpha\varphi(x+z)}{z}\right) - F'(x+z)\log\psi(z) = F'(x+z)\log\left(1 - \frac{z_1}{z}\right)$$

Donnons à z le module r, afin de pouvoir développer les deux membres, puis égaler les coefficients de $\frac{1}{z}$.

Considérons d'abord le premier membre. La seconde partie

$$\mathrm{F}'(x+z) \log \psi(z)$$

est développable suivant les puissances entières, positives et croissantes de la variable z; car nous avons vu, dans le numéro précédent, qu'il en était ainsi du facteur $\log \psi(z)$, et quant au facteur $\mathrm{F}'(x+z)$, il est développable par la formule de Maclaurin, puisque, pour le module r, $\mathrm{F}(x+z)$ l'est par hypothèse ($\S$ 1, 2).

Le coefficient de $\frac{1}{z}$ dans le premier membre ne dépend donc que de la première partie

$$\mathrm{F}'(x+z) \log \left(1 - \frac{\alpha\varphi(x+z)}{z}\right)$$

qui est d'ailleurs développable, puisque, pour le module r, l'expression

$$\frac{\alpha\varphi(x+z)}{z}$$

a un module inférieur à l'unité. Cette première partie étant ainsi mise légitimement sous la forme,

$$-\mathrm{F}'(x+z) \left(\frac{\alpha\varphi(x+z)}{z} + \frac{\alpha^2 \varphi(x+z)^2}{2.z^2} + \dots + \frac{\alpha^n \varphi(x+z)^n}{n.z^n} + \dots\right)$$

On voit que le coefficient de $\frac{1}{z}$ dans le terme général

$$[5] \qquad -\frac{\alpha^n}{n\,z^n} \mathrm{F}'(x+z)\,\varphi(x+z)^n$$

est le produit de $\frac{\alpha^n}{n}$ par le coefficient

$$-\frac{1}{1\dots(n-1)} \frac{d^{n-1}}{dx^{n-1}} \mathrm{F}'(x)\left[\varphi(x)\right]^2$$

de z^{n-1} dans le développement de $\mathrm{F}'(x+z)\,\varphi(x+z)^n$ par la série de Maclaurin, qui est d'ailleurs ici applicable. Le coefficient de $\frac{1}{z}$ dans le terme [5] est donc

$$\frac{\alpha^n}{1.2\dots n} \frac{d^{n-1}}{dx^{n-1}} \mathrm{F}'(x)\left[\varphi(x)\right]^n$$

et son module, en vertu de la proposition démontrée au n° 5 du § II, est moindre que

$$\frac{\mathrm{P}r}{n}\left(\frac{\mu \mathrm{Q}}{r}\right)^n.$$

μ désignant le module de α, et P et Q les modules maxima de $\mathrm{F}'(x+z)$ et de $\varphi(x+z)$ pour le module r de la variable z.

Le coefficient de $\frac{1}{z}$ dans le premier membre de l'équation [4] forme donc la série

$$[6]\quad -\left\{\frac{\alpha}{1}\mathrm{F}'(x)\,\varphi(x)+\frac{\alpha^2}{1\cdot 2}\frac{\mathrm{d}}{\mathrm{d}x}\mathrm{F}'(x)\,[\varphi(x)]^2+\ldots+\frac{\alpha^n}{1\ldots n}\frac{\mathrm{d}^{n-1}}{\mathrm{d}x^{n-1}}\mathrm{F}'(x)\,[\varphi(x)]^n+\ldots\right\}$$

et cette série est convergente, car celle des modules a ses termes moindres que ceux de la suite,

$$\mathrm{P}r\left[\frac{\mu \mathrm{Q}}{r}+\frac{1}{2}\left(\frac{\mu \mathrm{Q}}{r}\right)^2+\frac{1}{3}\left(\frac{\mu \mathrm{Q}}{r}\right)^3+\ldots\right]$$

laquelle a pour somme

$$-\mathrm{P}r\log\left(1-\frac{\mu \mathrm{Q}}{r}\right)$$

puisque, par hypothèse, $\frac{\mu \mathrm{Q}}{r}$ est inférieur à 1.

Considérons actuellement le second membre. La variable z ayant le module r, les deux facteurs $\mathrm{F}'(x+z)$ et $\log\left(1-\frac{z_1}{z}\right)$ sont développables, et l'on a :

$$\mathrm{F}'(x+z)\log\left(\frac{z_1}{z}\right)=-\left(\frac{z_1}{z}+\frac{z_1^2}{2z^2}+\frac{z_1^3}{3z^3}+\ldots\right)+\left[\mathrm{F}'(x)+\frac{z}{1}\mathrm{F}''(x)+\frac{z^2}{1\cdot 2}\mathrm{F}'''(x)+\ldots\right]$$

Le coefficient de $\frac{1}{z}$ forme la série

$$-\left[\frac{z_1}{1}\mathrm{F}'(x)+\frac{z_1^2}{1\cdot 2}\mathrm{F}''(x)+\frac{z_1^3}{1\cdot 2\cdot 3}\mathrm{F}'''(x)+\ldots\right]$$

qui, puisque le module de z_1 est inférieur à r, est convergente et représente

$$-\left[\mathrm{F}(x+z_1)-\mathrm{F}(x)\right]$$

Telle est donc la somme de la série [6]; et l'on a finalement, pour l'expression de $\mathrm{F}(x+z_1)$ en série convergente :

$$[3]\quad \mathrm{F}(x+z_1)=\mathrm{F}(x)+\frac{\alpha}{1}\mathrm{F}'(x)\,\varphi(x)+\frac{\alpha^2}{1\cdot 2}\frac{\mathrm{d}}{\mathrm{d}x}\mathrm{F}'(x)\,[\varphi(x)]^2+\ldots+\frac{\alpha^n}{1\ldots n}\frac{\mathrm{d}^{n-1}}{\mathrm{d}x^{n-1}}\mathrm{F}'(x)\,\varphi(x)]^n+\ldots$$

C. Q. F. D.

9. Remarque I. — Il est aisé de trouver une limite supérieure de l'erreur commise lorsqu'on ne prend que les n premiers termes de la série.

Les modules des termes négligés sont, en effet, respectivement moindres que

$$\frac{Pr}{n}\left(\frac{\mu Q}{r}\right)^n \qquad \frac{Pr}{n+1}\left(\frac{\mu Q}{r}\right)^{n+1}\dots$$

d'après ce que nous avons dit dans le numéro précédent. On augmente encore ces quantités en substituant aux dénominateurs $n+1$, $n+2$, ... le dénominateur fixe n, et on obtient, pour limite supérieure du reste, la somme

$$\frac{Pr}{n}\left(\frac{\mu Q}{r}\right)^n\left[1+\frac{\mu Q}{r}+\left(\frac{\mu Q}{r}\right)^2+\dots\right]$$

qui, puisque $\frac{\mu Q}{r}$ est inférieur à l'unité, équivaut à

$$[7] \qquad \frac{\dfrac{Pr}{n}\left(\dfrac{\mu Q}{r}\right)^n}{1-\dfrac{\mu Q}{r}} \qquad \text{ou enfin à} \qquad \frac{P}{nr^{n-2}}\frac{(\mu Q)^n}{r-\mu Q}$$

Rappelons d'ailleurs que μ est le module de α, et que P et Q désignent les modules maxima de $F'(x+z)$ et de $\varphi(x+z)$ sur la circonférence de rayon r.

10. Remarque II. — Si l'on pose $x+z=u$, on pourra énoncer les résultats qui précèdent de la manière suivante :

Soient x et α deux constantes données réelles ou imaginaires, A le point du plan qui répond à la valeur imaginaire x, et μ le module de α. Soient, en outre, $\varphi(u)$ une fonction bien déterminée, finie et continue, dans l'intérieur d'un certain cercle décrit autour du point A pour centre, et Q le module maximum de cette fonction sur une circonférence concentrique à la première, et d'un rayon moindre r. Désignons enfin par $F(u)$ une fonction qui ne cesse d'être bien déterminée, finie et continue, qu'en dehors du cercle r, et dont le module maximum sur la circonférence r est égal à P.

Si μ est inférieur à $\frac{r}{Q}$, l'équation

$$[8] \qquad u = x + \alpha\,\varphi(u)$$

a une seule racine u_1, comprise dans le cercle r ; et l'on a en série convergente :

$$[9] \quad \mathrm{F}(u_1) = \mathrm{F}(x) + \frac{\alpha}{1}\mathrm{F}'(x)\,\varphi(x) + \frac{\alpha^2}{1.2}\frac{\mathrm{d}}{\mathrm{d}x}\mathrm{F}'(x)\,[\varphi(x)]^2 + \ldots + \frac{\alpha^n}{1.2\ldots n}\frac{\mathrm{d}^{n-1}}{\mathrm{d}x^{n-1}}\mathrm{F}'(x)\,[\varphi(x)]^n + \ldots$$

Le reste de la série, quand on se borne aux n premiers termes, est moindre que

$$[10] \qquad\qquad \frac{\mathrm{P}}{nr^{n-2}} \times \frac{(\mu\mathrm{Q})^n}{r-\mu\mathrm{Q}}$$

On voit que la racine que l'on développe est la racine la plus voisine du point A ; c'est celle qui se réduit à x, pour $\alpha = 0$.

11. Dans les applications il est plus commode d'employer les formules sous la première forme. Ainsi, l'équation à traiter étant

$$u = x + \alpha\,\varphi(u)$$

on posera $u - x = z$, de manière à rentrer dans le type

$$z - \alpha\,\varphi(x+z) = 0$$

Nous allons appliquer successivement cette théorie aux équations trinômes et au développement de l'anomalie excentrique et du rayon vecteur des planètes, suivant les puissances entières et positives de l'excentricité.

IV

APPLICATION AUX ÉQUATIONS TRINÔMES.

12. Soit l'équation

$$[11] \qquad\qquad u = x + \alpha u^m$$

où x et α sont deux constantes réelles, et m un nombre entier positif. Posons $u - x = z$, de manière à mettre l'équation proposée sous la forme :

$$[12] \qquad\qquad z = \alpha(x+z)^m$$

Pour un module quelconque r de la variable z, la fonction $(x+z)^m$, qui est bien déterminée, finie et continue dans toute l'étendue du plan, a son module maximum égal à $(x+r)^m$. Si donc α est moindre que

$$\frac{r}{(x+r)^m}$$

l'équation [12] admettra une racine de module inférieur à r et développable en série convergente par la formule de Lagrange.

Pour avoir la plus grande valeur absolue que α puisse atteindre, il faut chercher la valeur de r qui rend minimum l'expression

$$\frac{(x+r)^m}{r}$$

dont la dérivée est

$$\frac{(x+r)^{m-1}}{r^2}\left[(m-1)r-x\right]$$

La valeur minimum cherchée répond donc à

$$r=\frac{x}{m-1}$$

et elle est égale à

$$\frac{m^m}{(m-1)^{m-1}}x^{m-1}$$

Il suffira donc que la constante α soit inférieure à

$$[13] \qquad \frac{(m-1)^{m-1}}{m^m}\frac{1}{x^{m-1}}i$$

et si cette condition est remplie, l'équation proposée [11] aura une racine u_1, comprise dans le cercle dont le rayon est $\dfrac{x}{m-1}$ et dont le centre est situé sur l'axe OX à une distance x de l'origine. On aura d'ailleurs pour l'expression de cette racine en série convergente :

$$[14]\quad u_1 = x + x^m\alpha + \frac{2m}{1.2}x^{2m-1}\alpha^2 + \frac{3m(3m-1)}{1.2.3}x^{3m-2}\alpha^3 + \ldots + \frac{nm(nm-1)\ldots(nm-n+2)}{1.2\ldots\ldots n}x^{nm-n+1}\alpha^n + \ldots$$

Enfin l'erreur commise, en se bornant aux n premiers termes, sera moindre que la quantité

$$[15] \qquad \frac{\mu^n}{n}\frac{m^{mn}}{m-1)^{mn-m-n+2}} + \frac{x^{mn-n-1}}{(m-1)^{m-1}-\mu m^m x^{m-1}}$$

à laquelle se réduit l'expression générale du reste [10] pour les valeurs particulières,

$$P = 1 \qquad Q = \left(\frac{mx}{m-1}\right)^m \qquad r = \frac{x}{m-1}.$$

Une vérification de nos résultats s'offre ici d'elle-même. On voit directement que la série [14] est convergente si la quantité

$$\frac{m^m}{(m-1)^{m-1}} x^{m-1} \alpha$$

est inférieure à l'unité. Car cette quantité est précisément la limite, pour $n = \infty$, du rapport

$$\frac{1}{n+1} \frac{(nm+m)(nm+m-1\ldots(nm+1)}{(nm-n+2)\ldots(nm-n+m)} x^{m-1} \alpha$$

d'un terme au précédent.

13. Prenons un cas particulier; supposons qu'on ait à résoudre l'équation

$$az^2 + bz + c = 0$$

lorsque $\frac{ac}{b^2}$ est très-petit, question que l'on traite dans les éléments par substitutions successives. On ramène cette équation à la forme

$$u = 1 + \alpha u^2$$

en posant

$$x = -\frac{c}{b} u \qquad \frac{ac}{b^2} = \alpha.$$

La limite supérieure [13] de la valeur absolue de α se réduit ici à $\frac{1}{4}$, et le rayon r du cercle qui contient la racine devient égal à 1; le centre de ce cercle est d'ailleurs sur la portion de droite de l'axe du X à la distance 1 de l'origine. C'est donc le signe — qu'il faut donner au radical dans l'expression

$$\frac{1 \pm \sqrt{1 - 4\alpha}}{2\alpha}$$

des racines, et l'on a :

$$\frac{1 - \sqrt{1-4\alpha}}{2\alpha} = 1 + \alpha + 2\alpha^2 + 5\alpha^3 + 14\alpha^4 + \ldots + \frac{2n(2n-3)\ldots(n+2)}{1.2\ldots n} \alpha^n + \ldots$$

Si donc on appelle z_1 la racine de l'équation proposée

$$a z^2 + b z + c = 0$$

on a, en série convergente, tant que $\frac{ac}{b^2}$ est en valeur absolue moindre que $\frac{1}{4}$,

$$z_1 = -\frac{c}{b}\left[1 + \frac{ac}{b^2} + 2\left(\frac{ac}{b^2}\right)^2 + \ldots + \frac{2n(2n-1)\ldots(n+2)}{1\cdot 2\ldots n}\left(\frac{ac}{b^2}\right)^n + \ldots\right]$$

L'erreur commise, quand on se borne aux n premiers termes, est d'ailleurs moindre que

$$\frac{\lambda}{n}\frac{(4\mu)^n}{1-4\mu}$$

en désignant par λ et μ les valeurs absolues de $-\frac{c}{b}$ et de $\frac{ac}{b^2}$

14. Ainsi pour l'équation

$$0{,}000047\ z^2 + 6724\ z - 334 = 0$$

que j'emprunte au Traité d'algèbre de M. Bertrand (page 107, 2e édition), on a

$$\lambda < \frac{1}{15} \qquad \mu < \frac{1}{2}\frac{1}{10^9}$$

et l'erreur commise en se bornant à n termes est moindre que

$$\frac{2^n}{15\,n\,10^{9n}\left(1 - \frac{2}{10^9}\right)}$$

On voit donc qu'avec deux termes seulement on peut déjà compter sur dix-huit décimales, résultat qui s'accorde parfaitement avec le calcul direct ; « pour résoudre, dit M. Bertrand, « l'équation donnée avec vingt décimales, il ne faut calculer que « trois termes, et encore le troisième n'influence-t-il que le der- « nier chiffre. »

V

APPLICATION AU DÉVELOPPEMENT DE L'ANOMALIE EXCENTRIQUE.

15. Considérons l'équation

$$[16] \qquad u = x + \alpha \sin u$$

dans laquelle x est une quantité réelle donnée, et α une quantité réelle ou imaginaire dont nous représenterons le module par μ.

Lorsque α est réel, l'équation [1] est celle dont dépendent les éléments elliptiques des planètes; α est alors l'excentricité, x l'anomalie moyenne, et u l'anomalie excentrique.

Posons $u - a = z$, de manière à ramener l'équation à la forme

$$[17] \qquad u = \alpha \sin(x + z)$$

Pour un module quelconque r de la variable z, le module maximum de $\sin(x + z)$ est ($\S$ II, 3)

$$\frac{1}{2}(e^r + e^{-r})[1]$$

Si donc μ est inférieur à

$$\frac{2r}{e^r + e^{-r}}$$

l'équation [17] admettra dans le cercle de rayon r une racine unique, qui sera développable suivant les puissances de α par la formule de Lagrange

$$[18] \quad u = x + \frac{\alpha}{1}\sin x + \frac{\alpha^2}{1.2}\frac{d\sin^2 x}{dx} + \cdots + \frac{\alpha^n}{1.2\ldots n}\frac{d^{n-1}\sin^n x}{dx^{n-1}} + \cdots$$

La plus grande valeur que μ puisse atteindre répond au minimum de

$$\frac{1}{2r}(e^r + e^{-r})$$

minimum qui a lieu pour la valeur de r déterminée par les formules

$$[19] \qquad \frac{e^r - e^{-r}}{2} = \frac{e^r + e^{-r}}{2r} = \frac{1}{\sqrt{r^2 - 1}}$$

---

[1] Dans la recherche de ce module nous avons fait varier l'anomalie moyenne x, afin que les résultats soient applicables à tout le cours d'une même planète.

Cette équation peut s'écrire

$$2r - \log\frac{r+1}{r-1} = 0$$

le premier membre est continu et croissant depuis $r = 1 + \varepsilon$, ε étant aussi petit qu'on veut; il est d'ailleurs négatif pour $r = 1 + \varepsilon$ et positif à partir de $r = 2$. Donc cette équation a une seule racine positive, qui est d'ailleurs comprise entre 1 et 2. La méthode d'approximation de Newton combinée avec la règle des parties proportionnelles donne pour cette racine

$$r = 1{,}19967864$$

à moins d'une unité du huitième ordre décimal par défaut. On en déduit

$$\sqrt{r^2 - 1} = 0{,}6627434$$

à une unité près du septième ordre décimal par défaut.

Telle est donc la valeur que le module μ de α ne peut dépasser. Ainsi l'on peut développer l'anomalie excentrique d'une planète ou d'une comète par la formule de Lagrange [18], tant que l'excentricité de l'orbite elliptique est inférieure à $0{,}6627434$. C'est le résultat trouvé la première fois par Laplace.

Évaluons l'erreur commise lorsqu'on se borne aux n premiers termes du développement [18].

D'après la formule [7], cette erreur est moindre que

$$\frac{\mu^n \dfrac{r}{n}\left(\dfrac{Q}{r}\right)^n}{1 - \mu\dfrac{Q}{r}}$$

r désignant ici le nombre $1{,}19967864$, et $\dfrac{Q}{r}$ la valeur correspondante de

$$\frac{e^r + e^{-r}}{2r}$$

c'est-à-dire en vertu des relations [19], la valeur

$$\frac{1}{0{,}6627434}$$

de $\dfrac{1}{\sqrt{r^2-1}}$. La substitution de ces divers nombres, dans la formule précédente, donne pour l'expression de la limite supérieure de l'erreur

$$[20] \qquad \frac{1,19967864\ldots}{n\,(0,6627434\ldots)^{n-1}} \times \frac{\mu^n}{[0,6627434\ldots-\mu]}$$

Par exemple, si l'excentricité ne dépasse pas $0,25$, nombre à partir duquel les astronomes trouvent incommode l'emploi de la formule de Lagrange (*Annales de l'Observatoire*, t. 1, p. 204), on voit aisément qu'en prenant sept termes on n'aura à craindre qu'une erreur moindre qu'un demi-millième.

VI

APPLICATION AU DÉVELOPPEMENT DU RAYON VECTEUR.

16. Le rayon vecteur d'une planète est une fonction bien déterminée, finie et continue de l'anomalie excentrique u. Cette fonction est d'ailleurs représentée par l'expression

$$1 - \alpha \cos u$$

Dès lors, d'après le théorème général du n° 10 et les résultats obtenus dans le paragraphe précédent, si le module μ de α est inférieur à $0,6627434\ldots$, et si l'on désigne par u_1 la racine unique de l'équation

$$u = x + \alpha \sin u$$

qui est comprise dans le cercle décrit du point qui répond à la valeur x, comme centre, et avec le rayon $r = 1,19967864\ldots$, on aura en série convergente

$$[21] \quad 1-\alpha \cos u = 1 - \alpha \cos x + \frac{\alpha^2}{1}\sin^2 x + \frac{\alpha^3}{1\cdot 2}\frac{d\sin^3 x}{dx} + \ldots + \frac{\alpha^n}{1.2..(x-1)}\frac{d^{n-2}\sin^n x}{dx^{n-2}} + \ldots$$

Quant à l'erreur commise lorsqu'on ne prend que les $n+1$ premiers termes du développement $[21]$, elle est moindre que

$$\frac{P}{nr^{n-2}}\frac{(\mu Q)^n}{r-\mu Q}$$

Nous disons les $n + 1$ premiers termes, parce qu'ici $F(x)$ donne deux termes 1 et $-\alpha \cos x$. Cette erreur n'est autre que celle qu'on a trouvée dans le paragraphe précédent multipliée par P, c'est-à-dire par le module maximum de

$$\alpha \sin (x + z)$$

lequel est égal, d'après ce que nous avons déjà dit, à

$$\frac{\mu}{2}(e^{r} + e^{-r})$$

Pour la valeur de r considérée, cette expression équivaut à

$$\frac{\mu r}{\sqrt{r^2 - 1}} = \frac{\mu(1,19967864\ldots)}{0,6627434\ldots}$$

Tel est le facteur par lequel il faut multiplier la fonction [20]. En sorte que l'erreur commise en prenant seulement les $n + 1$ premiers termes est moindre que

$$[22] \qquad \frac{(1,19967864\ldots)^2}{n\,(0,6627434\ldots)^n} \times \frac{\mu^{n+1}}{(0,6627434 - \mu)}$$

Si l'excentricité ne dépassait pas $0,25$, on voit que sept termes suffiraient pour donner le rayon vecteur à moins de un demi-millième.

VII

MODULE PRINCIPAL.

17. Nous avons démontré que, si pour un certain module r, inférieur à celui pour lequel $\varphi(x + z)$ cesse d'être bien déterminée, finie et continue, le module maximum de

$$\frac{\alpha \varphi(x + z)}{z}$$

étant inférieur à l'unité, l'équation

$$z - \alpha \varphi(x + z) = 0$$

avait, dans le cercle de rayon r, une racine unique qui, ainsi que toutes ses fonctions bien déterminées, finies et continues dans le cercle r, était développable en série convergente suivant les puissances de α par la formule de Lagrange.

La limite supérieure des valeurs de μ pour lesquelles le développement est possible est donc l'inverse de la plus petite valeur que prend le module maximum de

$$\frac{\varphi(x+z)}{z}$$

sur les divers cercles compris dans celui hors duquel la fonction $\varphi(x+z)$ cesse d'être bien déterminée, finie et continue.

C'est cette limite du module de α que nous avons cherchée dans chacune des trois applications précédentes.

On est donc conduit ainsi à chercher le minimum de la fonction de r qui représente le module maximum de

$$\frac{\varphi(x+z)}{z}$$

Nous appellerons *module principal* ce module minimum parmi les modules maximums. Le module principal n'est plus une fonction de r, mais un nombre déterminé, et c'est la valeur de r qui répond au module principal qu'il faut faire figurer dans la limite supérieure du reste.

18. Voici une proposition importante sur les modules principaux :

Soit

$$[23] \qquad f(z) = \mathrm{R}e^{\tau i}$$

une fonction bien déterminée et continue de la variable z; son module R et son argument τ sont des fonctions du module ρ et de l'argument θ de la variable imaginaire z.

En différentiant successivement par rapport à ρ et à θ, on obtient

$$[24] \quad f'(z)\,zi = \frac{d\mathrm{R}}{d\theta}e^{\tau i} + i\mathrm{R}\frac{d\tau}{d\theta}e^{\tau i} \qquad f'(z)\frac{z}{\rho} = \frac{d\mathrm{R}}{d\rho}e^{\tau i} + i\mathrm{R}\frac{d\tau}{d\rho}e^{\tau i}$$

La comparaison de ces valeurs montre que les fonctions R et τ sont assujetties à satisfaire aux deux relations.

$$[25] \qquad R\frac{d\tau}{d\rho}=-\frac{1}{\rho}\frac{dR}{d\theta} \qquad\qquad R\frac{d\tau}{d\theta}=\rho\frac{dR}{d\rho}$$

Cela posé, il est aisé de voir que *la valeur de la variable z qui répond au module principal d'une fonction continue et bien déterminée f(z) est une racine de l'équation dérivée*

$$f'(z)=0$$

En effet, pour la valeur de z relative au module principal, on doit avoir

$$\frac{dR}{d\theta}=0 \quad\text{et}\quad \frac{dR}{d\rho}=0$$

ce qui entraîne, en vertu des relations précédentes [25],

$$\frac{d\tau}{d\rho}=0 \quad\text{et}\quad \frac{d\tau}{d\theta}=0$$

et par suite

$$f'(z)=0 \qquad\qquad \text{C. Q. F. D.}$$

19. Il résulte de cette proposition que la valeur de z qui répond au module principal de la fonction

$$\frac{\varphi(x+z)}{z}$$

est une racine de l'équation

$$[26] \qquad z\varphi'(x+z)-\varphi(x+z)=0$$

Or cette équation est précisément celle que l'on serait amené à résoudre si l'on cherchait la valeur de α qui fait acquérir à l'équation

$$[1] \qquad z-\alpha\varphi(x+z)=0$$

deux racines égales. On sait, en effet, qu'il faut pour cela prendre l'équation dérivée

$$1-\alpha\varphi'(x+z)=0$$

puis éliminer α entre cette équation et la proposée [1], élimination qui reproduit précisément l'équation [26].

Un tel résultat est instructif en ce qu'il établit la concordance entre notre règle et celle qui résulte du théorème général de Cauchy appliqué au développement des fonctions implicites. D'après ce théorème, que nous avons d'ailleurs cité en commençant, la racine de l'équation [1], qui s'annule pour $\alpha = 0$, cesse d'être une fonction bien déterminée de α à l'instant où la valeur de α fait acquérir à l'équation deux racines égales; dès lors cette racine et ses fonctions continues cessent d'être développables suivant les puissances positives de α.

On peut se servir de cette règle de Cauchy pour la recherche de la valeur limite du module de α. Telle est en effet la marche qu'a suivie M. J. A. Serret dans une note insérée au tome XLII des Comptes rendus de l'Académie des sciences et au tome V des Annales de l'Observatoire. — Toutefois, en général et sauf quelques cas simples, tels que celui des équations trinômes, il sera plus facile en pratique de chercher directement le minimum de la fonction de r qui représente le module maximum de

$$\frac{\varphi(x+z)}{z}$$

L'équation en r qu'on est ainsi conduit à discuter est plus aisée à traiter que l'équation

$$[26] \qquad z\varphi'(x+z) - \varphi(x+z) = 0$$

Dans le premier cas, en effet, la discussion ne porte que sur des valeurs réelles et positives, puisque la variable est le module r de z, tandis que dans l'équation [26], où la variable est z, la discussion porte sur des racines imaginaires. On acquerra sur ce point toute la conviction désirable, en lisant la note, d'ailleurs si élégante et si instructive, de M. J. A. Serret.

VIII

GÉNÉRALISATION DES THÉORÈMES PRÉCÉDENTS.

20. Nous terminerons ce travail en généralisant rapidement la théorie exposée dans le paragraphe 3.

THÉORÈME III. — *Si la constante α est telle que le module maximum de*

$$\frac{\alpha\varphi(z)}{f(z)}$$

soit moindre que l'unité, pour un module r de la variable z inférieur à celui pour lequel l'une des fonctions $\varphi(z)$ et $f(z)$ cesse d'être bien déterminée, finie et continue, les équations

$$[27] \qquad f(z) - \alpha\varphi(z) = 0$$

$$[28] \qquad f(z) = 0$$

auront le même nombre de racines dans le cercle décrit autour de l'origine avec le rayon r.

En effet, si l'on désigne par z_1, z_2,.. z_m, les racines de l'équation $[27]$, et par ζ_1, ζ_2... ζ_n celles de l'équation $[28]$, qui sont comprises dans le cercle de rayon r, on a

$$f(z) - \alpha\varphi(z) = (z - z_1)\ldots(z - z_m)\,\psi(z)$$

$$f(z) = (z - \zeta_1)\ldots(z - \zeta_n)\,\psi_1(z)$$

$\psi(z)$ et $\psi_1(z)$ étant des fonctions bien déterminées, finies et continues, et qui ne s'annulent qu'en dehors du cercle r.

On déduit de là, en prenant les logarithmes et retranchant

$$[29] \quad \log\left(1 - \alpha\frac{\varphi(z)}{f(z)}\right) + \log\frac{\psi_1(z)}{\psi(z)} = [\log(z - z_1) + \ldots + \log(z - z_m)] - [\log(z - \zeta_1) + \log(z - \zeta_n)]$$

puis, en différentiant par rapport à z,

$$[30] \frac{d}{dz}\left[\log\left(1 - \frac{\alpha\varphi(z)}{f(z)}\right) + \log\frac{\psi_1(z)}{\psi(z)}\right] = \frac{1}{z}\left[\left(\frac{1}{1 - \frac{z_1}{z}} + \ldots + \frac{1}{1 - \frac{z_m}{z}}\right) - \left(\frac{1}{1 - \frac{\zeta_1}{z}} + \ldots + \frac{1}{1 - \frac{\zeta_n}{z}}\right)\right]$$

Donnons à z le module r, ce qui va nous permettre de développer les deux membres et d'égaler les coefficients de $\frac{1}{z}$.

Un raisonnement identique à celui que nous avons détaillé dans le numéro [71] montre que le coefficient de $\frac{1}{z}$ est nul dans le premier membre, et égal à $m - n$ dans le second. On a donc

$$m = n \qquad\qquad \text{C. Q. F. D.}$$

21. THÉORÈME IV. — *Les conditions du théorème précédent étant remplies, si l'on désigne par $F(z)$ une fonction qui ne cesse d'être bien déterminée, finie et continue qu'en dehors du cercle r, la somme*

$$F(z_1) + F(z_2) + \ldots + F(z_m)$$

des fonctions semblables des racines de l'équation [27] comprises dans le cercle r, sera développable en série convergente suivant les puissances positives de α, par la formule

$$[31] \quad F(z_1) + F(z_2) + \ldots + F(z_m) = F(\zeta_1) + F(\zeta_2) + \ldots + F(z_m) + A_1 \frac{\alpha}{1} + A_2 \frac{\alpha^2}{2} + \ldots + A_n \frac{\alpha^n}{n} \ldots$$

dans laquelle A_n désigne le coefficient de $\frac{1}{z}$ dans le développement de l'expression

$$F'(z) \left(\frac{\varphi(z)}{f(z)} \right)^n$$

En effet, puisque les nombres m et n des racines situées dans le cercle r sont les mêmes pour les équations [27] et [28], la formule [29] du numéro précédent devient

$$\log \left[1 - \frac{\alpha \varphi(z)}{f(z)} \right] + \log \frac{\psi_1(z)}{\psi(z)} = \left[\log \left(1 - \frac{z_1}{z} \right) + \ldots + \log \left(1 - \log \frac{z_m}{z} \right) \right]$$
$$- \left[\log \left(1 - \frac{\zeta_1}{z} \right) + \ldots + \log \left(1 - \log \frac{\zeta_m}{z} \right) \right]$$

d'où en multipliant par $F'(z)$,

$$[32] \, F'(z)\log\left(1 - \frac{\alpha\varphi(z)}{f(z)} \right) + F'(z)\log\frac{\psi_1(z)}{\psi(z)} = F'(z)\left[\log\left(1 - \frac{z_1}{z} \right) + \ldots + \log\left(1 - \frac{z_m}{z} \right) \right] - F'(z)\left[\log\left(1 - \frac{\zeta_1}{z} \right) + \ldots + \log\left(\frac{\zeta_m}{z} \right) \right]$$

Donnons à z le module r, afin de pouvoir développer les deux membres, puis égaler les coefficients de $\frac{1}{z}$.

Un raisonnement identique à celui que nous avons détaillé dans le numéro [8] montre que le coefficient de $\frac{1}{z}$, dans le premier membre, dépend seulement de la première partie, qu'on peut écrire en série convergente,

$$-F'(z)\left[\frac{\alpha\varphi(z)}{f(z)}+\frac{\alpha^2}{2}\left(\frac{\varphi(z)}{f(z)}\right)^2+\ldots+\frac{\alpha^n}{n}\left(\frac{\varphi(z)}{f(z)}\right)^n+\ldots\right]$$

Si donc on désigne par A_n le coefficient de $\frac{1}{z}$ dans

$$F'(z)\left(\frac{\varphi(z)}{f(z)}\right)^n$$

le coefficient de $\frac{1}{z}$ dans le terme général sera

$$A_n\frac{\alpha^n}{n}$$

et son module, en vertu de la proposition démontrée au numéro 5 du paragraphe 2 sera moindre que

$$\frac{Pr}{n}\left(\frac{\mu Q}{Q_1}\right)^n$$

μ désignant le module de α, et P, Q, Q_1, les modules maximums de $F'(z)$, $\varphi(z)$, $f(z)$ pour le module r de la variable z.

Le coefficient de $\frac{1}{z}$, dans le premier membre, forme donc la série

$$[33]\qquad -\left(A_1\frac{\alpha}{1}+A_2\frac{\alpha^2}{2}+\ldots+A_n\frac{\alpha^n}{n}+\ldots\right)$$

et cette série est convergente, car celle des modules a ses termes moindres que ceux de la suite

$$Pr\left(\frac{\mu Q}{Q_1}+\frac{1}{2}\left(\frac{\mu Q}{Q_1}\right)^2+\ldots+\frac{1}{n}\left(\frac{\mu Q}{Q_1}\right)^n+\ldots-\right)$$

laquelle a pour somme

$$-Pr\log\left(1-\frac{\mu Q}{Q_1}\right)$$

puisque par hypothèse, $\frac{\mu Q}{Q_1}$ est inférieur à 1.

Considérons actuellement le second membre de l'équation [32].
La variable z ayant le module r, son premier terme

$$F'(z) \log\left(1 - \frac{z_1}{z}\right)$$

est le produit de deux facteurs développables ; en l'écrivant sous
la forme

$$-\left(\frac{z_1}{z} + \frac{z_1^2}{2z^2} + \frac{z_1^3}{3z^3} + \ldots\right)\left(F'(o) + \frac{z}{1}F''(o) + \frac{z^2}{1.2}F'''(o) + \ldots\right)$$

on voit que le coefficient de $\frac{1}{z}$, dans ce terme, forme la série

$$-\left(\frac{z_1}{z}F'(o) + \frac{z_1^2}{1.2}F''(o) + \ldots\right) = F(z_1) - F(o)$$

Le coefficient de $\frac{1}{z}$, dans tout le second membre, sera donc

$$-\left[F(z_1) - F(o) + F(z_2) - F(o) + \ldots + F(z_m) - F(o)\right]$$

$$+\left[F(\zeta_1) - F(o) + F(\zeta_2) - F(o) + \ldots + F(\zeta_m) - F(o)\right]$$

ou enfin

$$-\left\{\left[F(z_1) + F(z_2) + \ldots + F(z_m)\right] - \left[F(\zeta_1) + \ldots + F(\zeta_m)\right]\right\}$$

Telle est donc la somme de la série (33), et l'on a finalement
pour l'expression de

$$F(z_1) + F(z_2) + \ldots + F(z_m)$$

en série convergente

$$\left[F(\zeta_1) + \ldots + F(\zeta_m)\right] + A_1\frac{\alpha}{z} + A_2\frac{\alpha^2}{z} + \ldots + A_n\frac{\alpha^n}{z} + \ldots$$

C. Q. F. D.

22. Remarque I. — Lorsqu'on se borne aux n premiers termes
de la série, les modules des termes négligés sont moindres respectivement que

$$\frac{Pr}{n}\left(\frac{\mu Q}{Q_1}\right)^n \qquad \frac{Pr}{n+1}\left(\frac{\mu Q}{Q_1}\right)^{n+1}$$

L'erreur commise est donc, *à fortiori*, inférieure à la somme

$$\frac{\mathrm{P}r}{n}\left(\frac{\mu\mathrm{Q}}{\mathrm{Q}_1}\right)^n\left[1+\frac{\mu\mathrm{Q}}{\mathrm{Q}_1}+\left(\frac{\mu\mathrm{Q}}{\mathrm{Q}_1}\right)^2+\dots\right]$$

qui, puisque $\frac{\mu\mathrm{Q}}{\mathrm{Q}_1}$ est plus petit que l'unité, équivaut à

[34]
$$\frac{\dfrac{\mathrm{P}r}{n}\left(\dfrac{\mu\mathrm{Q}}{\mathrm{Q}_1}\right)^n}{1-\dfrac{\mu\mathrm{Q}}{\mathrm{Q}_1}}$$

Ajoutons que *la limite supérieure des valeurs du module μ de α, pour lesquelles le développement est possible, est l'inverse du module principal de*

$$\frac{\varphi(z)}{f(z)}$$

On déterminera la valeur de r correspondante à ce module principal, puis on prendra pour $\mathrm{P}, \mathrm{Q}, \mathrm{Q}_1$ les modules maximums de $\mathrm{F}'(z)$, $\varphi(z)$, $f(z)$, relatifs à cette valeur r du module de la variable z; on portera enfin les nombres ainsi obtenus dans l'expression [34] du reste.

23. Remarque II. — Un cas particulier remarquable est celui où l'on prend

[35] $\qquad f(z)=z^m \qquad \varphi(z)=\varphi(x+z) \qquad \mathrm{F}(z)=\mathrm{F}(x+z)$

L'équation à résoudre se réduit alors à

[36] $\qquad\qquad z^m-\alpha\varphi(x+z)=0$

et la formule [31] devient

$$\mathrm{F}(x+z_1)+\mathrm{F}(x+z_2)+\dots+\mathrm{F}(x+z_m)=m\,\mathrm{F}(x)+\mathrm{A}_1\frac{\alpha}{1}+\mathrm{A}_2\frac{\alpha^2}{2}+\dots+\mathrm{A}_n\frac{\alpha_n}{n}+\dots$$

La quantité A_n est le coefficient de $\frac{1}{z}$ dans

$$\mathrm{F}'(x+z)\,\frac{\varphi(x+z)^n}{z^{mn}}$$

c'est-à-dire

$$\frac{1}{1.2\dots(mn-1)}\frac{d^{mn-1}}{dx^{mn-1}}\left[\mathrm{F}'(x)\varphi(x)^n\right]$$

On a donc finalement

$$[37]\quad F(x+z_1)+F(x+z_2)+F(x+z_m)=mF(x)+\frac{\alpha}{1.2\ldots(m-1)}\frac{d^{m-1}}{dx^{m-1}}[F'(x)\varphi(x)]+\frac{\alpha''}{n.1.2\ldots(mn-1)}\frac{d^{mn-1}}{dx^{mn-1}}[F'(x)\varphi(x)'']$$

Pour $m=1$, cette formule reproduit la série de Lagrange.

IX

APPLICATION À UN THÉORÈME DE WARING.

24. Dans ses *Meditationes algebraïcæ*, Waring a donné, sans démonstration, une formule qui fait connaître immédiatement, en fonction des coefficients, la somme S_i des puissances i des racines d'une équation algébrique

$$[38]\qquad z^m+p_1z^{m-1}+p_2z^{m-2}+\ldots+p_m=0$$

Cette formule est une conséquence immédiate du théorème IV. Que l'on pose, en effet,

$$\alpha=-1\qquad F(z)=z^i\qquad f(z)=z^m$$

$$\varphi(z)=p_1z^{m-1}+\ldots+p_m$$

et l'on aura, par la formule [31],

$$S_i=-A_1+\frac{A_2}{2}-\frac{A_3}{3}+\ldots+\frac{(-1)^n A_n}{n}+\ldots$$

Il est à peine nécessaire de faire observer que le théorème IV est applicable ici, car il suffit qu'on puisse trouver, pour le module de z, une valeur r supérieure à ceux des racines de l'équation proposée [38] et telle que le module de

$$\frac{p_1}{z}+\frac{p_2}{z_2}+\ldots+\frac{p_m}{z^m}$$

soit inférieur à l'unité, ce qui est évidemment toujours possible en prenant r assez grand.

Il ne reste donc qu'à calculer A_1, A_2,... A_n... Or A_n est le coefficient de $\frac{1}{z}$ dans

$$i\, z^{i-mn-1} \left(p_1 z^{m-1} + \ldots + p_m\right)^n$$

et comme le terme général du développement de cette expression est, en vertu d'une théorie élémentaire,

$$\frac{i\,\Gamma(n+1)\cdot p_1^{\lambda_1} p_2^{\lambda_2}\ldots p_m^{\lambda_m}}{\Gamma(\lambda_1+1)\,\Gamma(\lambda_2+1)\ldots\Gamma(\lambda_m+1)}\, z^{(m-1)\lambda_1 + (m-2)\lambda_2 + \ldots + \lambda_{m} + i - mn - 1}$$

avec la condition

$$\lambda_1 + \lambda_2 + \ldots + \lambda_m = n$$

On voit que A_n est la somme de tous les termes de la forme

$$\frac{i\,\Gamma(\lambda_1+\lambda_2+\ldots+\lambda_m+1)}{\Gamma(\lambda_1+1)\,\Gamma(\lambda_2+1)\ldots\Gamma(\lambda_m+1)}\, p_1^{\lambda_1} p_2^{\lambda_2} \ldots p_m^{\lambda_m}$$

pour les diverses valeurs entières, nulles et positives de λ_1, λ_2... λ_m, vérifiant les deux conditions

$$\lambda_1 + \lambda_2 + \ldots + \lambda_m = n$$

$$\lambda_1 + 2\lambda_2 + \ldots + m\lambda_m = i$$

Donc enfin, si l'on fait varier l'entier n de 0 à ∞, c'est-à-dire si l'on prend tous les termes de la série, on aura :

$$[39] \qquad S_i = \Sigma\, \frac{(-1)^{\lambda_1 + \lambda_2 + \ldots + \lambda_m}\,\Gamma(\lambda_1+\lambda_2+\ldots+\lambda_m)}{\Gamma(\lambda_1+1)\Gamma(\lambda_2+1)\ldots\Gamma(\lambda_m+1)}\, p_1^{\lambda_1} p_2^{\lambda_2} \ldots p_m^{m\lambda_m}$$

le signe Σ s'étendant à toutes les valeurs entières, nulles et positives des exposants λ_1, λ_2... λ_m susceptibles de vérifier la relation

$$\lambda_1 + 2\lambda_2 + \ldots + m\lambda_m = i$$

Telle est la formule de Waring.

www.ingramcontent.com/pod-product-compliance
Ingram Content Group UK Ltd.
Pitfield, Milton Keynes, MK11 3LW, UK
UKHW022225070726
13613UKWH00004B/1879